LE JURY

ET

LES EXPOSANTS

Paris. — Imp. de PILLET fils aîné, rue des Grands-Augustins, 5.

LE JURY

ET

LES EXPOSANTS

SALON DES REFUSÉS

PAR

LOUIS ÉTIENNE

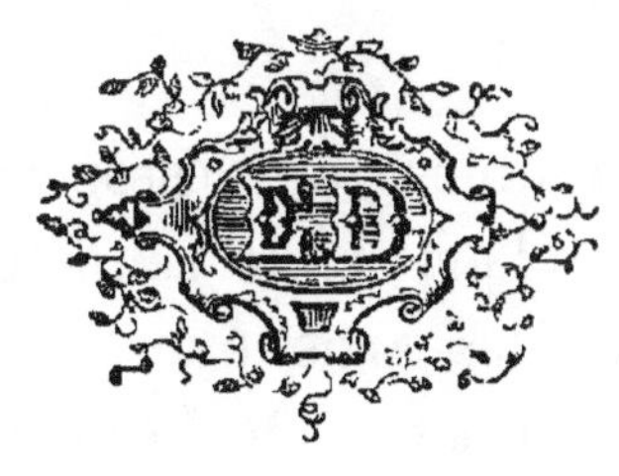

PARIS

E. DENTU, LIBRAIRE-ÉDITEUR

PALAIS ROYAL, GALERIE D'ORLÉANS, 13 ET 17

1863

LE JURY

ET

LES EXPOSANTS

I

COUP D'ŒIL SUR LES REÇUS. — COUP D'ŒIL SUR LES EXCLUS.

Appréhensions mortelles ; troubles, et désespoir même, chez les humbles amants de l'art ; enfin coup de théâtre sans pareil dans les annales artistiques. Et depuis, rumeurs et passions soulevées, avec l'espoir d'une juste revendication de leur talent méconnu......

Tel se présente le Salon de 1863, et rappelle, par le bruit et les colères qu'il a déjà engendrées, ces grandes batailles d'il y a trente ans, où l'ardeur et la foi des deux camps rendaient le *tout Paris* d'alors solidaire des coups que se portaient classiques et romantiques devant l'œuvre du Maître révéré.

Mais, hélas ! la raison nous est venue, le triste et pâle fantôme du réalisme n'a pas le pouvoir de rappeler ces jours de gloire. Nous ne sommes plus jeunes, les aspirations grandes et les illusions se sont envolées : on a du talent, beaucoup de talent, mais pas de génie. Et, à part les excentricités d'habiles Mangins, qui font rire la foule, et quelques idiots qui chantent le même air en se prenant au sérieux, rien, plus rien n'éclate sous notre ciel d'or et de fer.

Pour celui qui, depuis douze ans, suit les expositions, sauf l'exposition toute exceptionnelle de 1855, celle où nous entrons, pas plus que ses devancières, ne se fait remarquer par une homogénéité de toiles recommandables, homogénéité qu'on était cependant en droit d'attendre, d'après la rigueur excessive apportée par le jury dans son travail d'admission et de refus.

En effet, c'est toujours la même froide exhibition de grandes toiles officielles, dont pas une, cette fois, ne sort d'une modération plus qu'ordinaire, en fait de valeur hors ligne. Puis quelques bons et excellents tableaux des jeunes maîtres ; enfin, beaucoup de talent dans le paysage et dans le genre. J'ai gardé pour la fin le remords des juges ; c'est-à-dire quatre ou cinq cents affreuses toiles, qui sont là on ne sait vraiment pourquoi ni comment ; émaillant de leurs vilaines taches ce pauvre Salon de 1863.

Oui ! je ne sais pourquoi, je le trouve petit, étroit, pauvre, ce Salon. Les grandes machines n'y manquent

point, cependant ; je trouve raisonnable d'avoir restreint
les salles et de ne les avoir pas surchargées de tableaux.
Il y a même une très-grande amélioration à noter dans
la manière dont la lumière se trouve tamisée. Mais encore une fois, je ne sais, je me promène comme un
homme déçu à la recherche d'œuvres imaginaires : de
grands bruits ont monté jusqu'aux sphères les plus
hautes, et je ne trouve rien, là, qui me fasse comprendre un si grand appareil.

Passons donc le Styx, qui nous sépare des morts,
comme on a dit, des réprouvés du jury ; là est sans
doute la véritable cause que je cherche, l'intérêt qui
peut émouvoir ; car, qui sait si l'ombre d'un génie fu-
tur ne s'y révélera pas sur quelque humble toile !

Et puis la pépinière a des saveurs sauvages que je pré-
fère aux parfums débilitants des plantes les plus rares et
les plus cherchées. Mes yeux sauront affronter même
l'assemblage le plus fou, le plus bizarre et le plus impossible du plus obscur maniaque. Que me font les épines
et les ronces, je vais à la recherche d'une fleur aimée.
O croyance et amour de l'art ! quelque faible que
puisse être encore l'élan que tu inspires à tes jeunes
élus, je saurai le reconnaître ; et au lieu de le froisser,
ou de passer sans le voir, je l'encouragerai et l'aiderai
d'une parole amie. Ah ! si l'on savait de combien de
rêves fiévreux et poignants, de combien de soucis et
de pleurs se compose cette pauvre vie de l'artiste qui
commence, bien peu auraient le courage d'être légers,

cassants et ironiques, comme je vois toujours la foule se montrer à l'égard de l'inconnu qu'elle applaudira demain, et perdra peut-être de ses bravos corrupteurs.

Oui ! manie ou folie, il y a des êtres atteints de la maladie, incurable dit-on, de se croire artistes ; et l'outrecuidance de ces infirmes d'esprit est telle que, sans études préalables, quelquefois au milieu d'une existence parfaitement remplie, du reste, par d'autres travaux où ils se sont distingués, ils se prennent un beau jour à dire : « Et moi aussi je suis peintre ! » Et ils envoient à l'Exposition....... des spécimens qui détonnent comme le cri le plus sauvage au milieu d'un harmonieux concert. Tel est celui que l'administration a cru devoir nous servir, comme entrée, dans des types de chevaux qui présentent ce que l'aliénation mentale la plus forcenée peut concevoir.

Mais passons ; je suis bronzé, ai-je dit : passons, et comme Tirésias au pays des Ombres, sachons vaincre ces mauvais esprits qui pourraient nous empêcher d'aller à la recherche de la vérité.

La vérité est que, malgré la folie de gens qui se croient honnêtes et ne craignent pas de compromettre par leurs idiotes tentatives cette classe si intéressante des chercheurs du beau (puisque c'est surtout pour sauver le public de hideurs inimaginables que le jury existe, et croit triompher, même dans un exclusivisme coupable), la vérité est que cette exposition des refusés se soutient par un nombre assez considérable de toiles où le talent abonde, et est une revendication éclatante,.pour quelques-uns, des erreurs ou du parti pris du jury; jury bourrelé de pensées supérieures, de considérations élevées, de dangers sociaux, auxquels il faut enfin apporter une digue.

Ce qui veut dire, en bon français, qu'il ne faut qu'un certain nombre d'artistes, et qu'il devient de la plus haute importance de décourager sans pitié tous ceux....... qui arrivent trop tard....... Tant pis pour les fleurs qui bourgeonnent, tant pis pour les jeunes rameaux pouvant devenir cèdres ! tant pis pour l'avenir ! L'art, c'est-à-dire ces messieurs, se trouvent au complet, et la barrière se ferme aux aspirations les plus légitimes et les plus sincères. C'est la parodie de l'axiome cruel d'un économiste célèbre, disant qu'au banquet de la vie il ne peut y avoir place pour tout le monde.

Est-ce assez bouffon? Les membres d'un jury des Beaux-Arts se posant en hommes d'Etat! Ah! nous voyons d'ici le fin sourire par lequel l'empereur a dû accueillir la phraséologie dont on a usé pour repousser l'idée de la révision des œuvres non admises; idée soutenue par les membres les plus compétents de l'Institut, et que Sa Majesté, elle aussi, voulait tout d'abord.

II

RELATION DE LA VISITE INCOGNITO DE S. M. L'EMPEREUR.
SA DÉCISION.

A chaque exposition, mêmes douleurs et mêmes
plaintes parmi les exclus. Mais cette fois, le nombre et
la légitimité des récriminations furent tels, que l'Empereur s'en émut; et, sans consulter personne, sans
faire avertir l'administration, accompagnée seulement
du général Lebœuf, Sa Majesté arriva incognito au palais des Champs-Elysées, passa rapidement dans les
salles de l'exposition officielle, et ordonna aux employés
qui se trouvaient là de lui montrer les tableaux refusés par le jury. On lui en apporta plusieurs qu'on allait
chercher assez loin, dit la chronique; et comme l'Empereur ne se trouvait pas édifié complétement, il s'ap-

procha de toiles retournées qui étaient près de lui, et de sa propre main en mit au jour quelques-unes, qu'il jugea tout aussi bonnes que celles qu'il venait de voir dans les salles officielles. Sa Majesté s'informa s'il devait y avoir révision, et, sur la réponse négative qui lui fut faite, se retira et fit demander un haut représentant de l'administration.

L'Empereur, renouvelant alors le jugement qu'il venait de porter sur les œuvres non admises, insista pour qu'il y eût révision, demandant si l'on ne pourrait inspirer au jury la pensée de revenir à une mesure si équitable, devant les réclamations nombreuses qui étaient arrivées jusqu'à lui.

A ces paroles si sages, si excellentes, si remplies d'une conciliation vraiment élevée, pour ménager toutes les susceptibilités, le haut fonctionnaire n'en saisissant pas sans doute toute la portée, aurait répondu : « Sire, la mesure de la révision des œuvres non admises a été discutée longuement et rejetée dans un vote solennel, par le jury spécialement réuni à cet effet : je dois ajouter à Votre Majesté, qu'en raison des considérations élevées sur lesquelles s'est appuyé ce vote, le jury, *sous peine de se déjuger*, ne pourrait y revenir. En premier lieu, Sire, on a remarqué que dans la seule exposition où une telle mesure ait été prise, il s'était glissé tellement de toiles médiocres, que ce fut une des moins brillantes qu'on ait eues depuis longtemps. Ensuite le nombre des gens se destinant aux arts est devenu si considérable ces dernières années, que le jury a pensé qu'il était temps de mettre une digue devant tant d'individualités, vraiment recommandables du reste, auxquelles une plus grande indulgence ne peut apporter que des déceptions cruelles et amères pour l'avenir. Qu'à de certaines époques, ces êtres déclassés devenaient un danger sérieux pour la société. Que c'était leur rendre service que de les *décourager* dès le début; d'autres carrières s'offrant de tous côtés où ces capacités trouveraient facilement à se caser. Que l'exposition ne devait être que le choix brillant des seules œuvres de nos grands artistes ; et que ce devait être déjà comme une récompense et un grand honneur d'y être admis. »

« Enfin Sire, aurait-on encore ajouté, je craindrais « qu'en transmettant au jury le désir exprimé par « Votre Majesté, ce désir ne lui parût un ordre, et « que sa démission s'en suivît. » A ces derniers mots, l'Empereur donna l'ordre de tout exposer.

Telle est la chronique à peu près exacte des faits et dires qui ont amené la mesure si inattendue, si vraiment libérale et grande qu'a prise l'Empereur.

Hélas ! l'administration n'avait pas compris un seul instant la mesure impériale ; car devant cet ordre formel (puisqu'elle n'avait pas su rapprocher les choses de façon à les concilier) nous la voyons d'abord obtenir pour la note à insérer au *Moniteur*, que cette *exposition annexe* serait *facultative ;* ce qui en change déjà considérablement le caractère. Puis, du 7 mai, délai officiel fixé aux artistes qui voudraient ne pas y prendre part, on reporte au 9 ou au 10 cette faculté de fuir le jugement du public, ou d'obéir à des pressions de toutes sortes.

Beaucoup de toiles, et des meilleures, furent retirées alors par suite d'influences dont nous n'avons pas à rechercher l'origine. On disait aux artistes : « Ne laissez pas vos œuvres, qui seront noyées dans une majorité dangereuse et écrasante par sa médiocrité. » L'artiste de talent, ému par cette perspective possible, éprouvait une défaillance et retirait son œuvre. De telle sorte qu'un jury officieux est venu faire une nouvelle épuration toute au détriment de l'exposition des refusés. Nous ne dirons pas qu'il y ait là manœuvres; mais il y a eu au moins opposition flagrante au complet résultat qu'on était en droit d'attendre de la haute et bienveillante initiative qui avait ouvert une espèce de champ d'asile aux artistes frappés d'exclusion par le jury.

Entrerons-nous ici dans les détails de la guerre acharnée que l'administration (*suivant toujours sa pensée*) crut devoir faire à cette exposition, laquelle, malgré tout ce que l'on fit pour la rendre illusoire, n'en restera pas moins un enseignement sans réplique à l'endroit des modifications ultérieures à apporter au jury et au mode de ses décisions. Ah! sans la fermeté de quelques-uns qui, payant de leurs personnes pour arrêter la débandade, ne craignirent pas d'entrer en lutte ouverte avec elle (nous voulons parler du comité qui se forma, et, au milieu de toutes les difficultés et tracasseries dont les journaux ont retenti, parvint à rédiger et à mettre au jour un livret, livret dont l'administration dénia de toutes façons et jusqu'au dernier moment l'opportunité, toujours dans l'intérêt des artistes : *cette exposition ne devant pas être ainsi consacrée, ni laisser aucun souvenir*); sans cette fermeté, disons-nous, qu'aurait pu penser l'Empereur des plaintes sans nombre qui, chaque année, se font l'écho des arrêts si cruellement injustes ou erronés dont sont frappées les victimes?

« Vous le voyez, Sire, aurait-on représenté à Sa Majesté, ce sont les criailleries de l'impuissance ; elle s'est jugée elle-même, grâce à votre sollicitude si profonde pour tout ce qui demande réparation ; et, sauf les maniaques et les sots dont le rire fait justice, tous ceux qui bégayent encore et deviendront artistes plus tard, se sont retirés ; l'expérience est complète. Nous sommes les interprètes les plus sûrs des vrais intérêts de l'art !... »

Et Delacroix, si maltraité jadis? Et Rousseau, conspué pendant quinze ans? Et tant, tant d'autres blessés, victimés, dont une moitié de l'existence a été absorbée par cette lutte impie, qui nous ravit peut-être des œuvres immortelles?... Oui, impie ! puisque vous fauchez jusqu'à la racine sous prétexte d'émonder le bois vert...

Dans les champs privilégiés que vous offrez à notre admiration, que de chênes qui penchent ! combien d'autres sont déjà tombés... et l'œil n'aperçoit plus la pousse qui doit les remplacer un jour.

Vous préparez, par votre exclusivisme, un long veuvage au grand art surtout; et de là à la décadence complète, il n'y a plus... que la place d'une intelligence haute et vaste, vous arrêtant et venant ainsi, Dieu en soit loué, nous rassurer sur l'avenir éteint où vous deviez aboutir.

Et ne nous parlez plus, une fois pour toutes, de ces artistes croquemitaines paraissant aux grands jours des passions soulevées. Hélas! que tout cela est pauvre de pensée et de fait! que c'est peu connaître celui qui a goûté une fois à cet autre fruit redoutable, l'art! L'art qu'on aime et qui vous martyrise; l'art qui n'a pas assez d'une vie pour accomplir l'idéal qui les absorbe tous, grands ou petits. Où donc avez-vous vu des artistes devenus héros de révolution, et passés hommes d'État? Ah! si la poésie s'est approchée quelque jour de ce foyer terrible, quelles amertumes n'y a pas rencontrées un des plus grands noms de ce temps-ci?

A chacun son lot ici-bas : laissez-les donc rimer, peindre et chanter, ces rêveurs aimés de la foule. Sans préciser les aspirations qui entraînent quelquefois tout un peuple, et peuvent, à de certains jours, devenir le thême de leurs mélodies, ne vous en prenez plus à cet écho sympathique qui reste notre consolation au milieu des plus grands cataclysmes. Là n'est point le danger. Il est, croyons-nous, dans la négation d'une plaie béante, et le plus souvent, dans l'inintelligence aveugle apportée à l'exécution de la pensée dirigeante.

III

APPRÉCIATION DES RÉSULTATS ULTÉRIEURS DE LA MESURE
IMPÉRIALE. — QUELLE EST LA QUESTION POSÉE ?

Maintenant, quels seront les résultats à venir de la mesure impériale ? Nous avons dit ceux immédiats qu'elle a produits. Essayons donc, quoique nous n'ayons pas la moindre prétention à légiférer, essayons d'émettre plutôt des vœux que des articles de règlements sur les modifications ou transformations à apporter au jury des Beaux-Arts, d'après l'épreuve que viennent de subir ses jugements. Nous les formulerons, ces vœux, sous trois espèces, qui, chacune prise à part, devra présenter le double caractère de la plus grande loyauté, unie à la libéralité la plus large.

Et d'abord disons immédiatement ce que nous trouvons le plus complet, et ce que nous préférerions de tout ce qui peut surgir sur la question posée ; en un mot, c'est le maintien pur et simple de ce qui est.

D'une part l'Institut, les maîtres, nos pairs naturels faisant l'exposition officielle ; mais aussi et comme corollaire indispensable à la faillibilité et à l'erreur possible, la contre-exposition en appelant à tout le monde des jugements rendus. Et cette fois, sans porte de derrière qui permette aux fuyards d'éviter le combat, sans mesquineries administratives refusant à cette exposition annexe les éléments qui doivent en assurer les conséquences légitimes.

De cette façon tous les résultats demandés depuis si longtemps sont obtenus, plus de victimes ! La lumière se fait partout, en même temps que cela vous assure l'attention scrupuleuse des membres de l'Institut, qui pourraient s'adjoindre, par voie d'élection, quelques-uns des jeunes maîtres ne siégeant pas encore parmi eux, afin de les aider dans la tâche considérable qui leur incombe.

D'autre part, les artistes jeunes, ou ceux dans la plénitude de leur force, connaissant d'avance cette lutte loyale et franche offerte à leur émulation, apporteraient, croyons-nous, un bien autre sérieux à la manifestation de leurs efforts. Il ne s'agirait plus d'attirer l'attention par une audace plus ou moins contestable, et de se poser en martyr, comme au temps où, exclus par le jury, votre œuvre se trouvait enterrée. Et tenez aussi pour certain que bien des compromis avec ce que nous appellerons la peinture à scandale, n'auraient plus aucune raison de se produire. Enfin cela retiendrait les timides inexpérimentés, qui cachent leur anonymat sous le renvoi sans contrôle public de leurs œuvres.

Quant aux maniaques ou aux sots dont nous avons parlé plus haut, peut-être alors écouteraient-ils de bienveillants conseils, avant de se donner en risée à la foule.

On ne manquera pas de se récrier sur une exhibition aussi colossale; six mille œuvres, peut-être, et plus encore! et pourquoi non? Mais, messieurs les délicats à appétit musqué, vous n'irez pas à la contre-exposition, parfaitement à part et séparée de celle des heureux élus. Pour nous, qui aimons non-seulement à jouir des œuvres belles et bonnes, mais qui avons surtout à cœur l'avenir de l'art, en même temps que la sollicitude la plus profonde pour tous les efforts tentés, sous prétexte de dégoût, ne nous supprimez point ce champ libre où nous irons glaner, avec la conviction, sachez-le, que peut inspirer le plus pur de notre gloire française, cette suprématie de l'esprit, sous toutes les formes, que nous envient les autres peuples du monde.

Deux autres modes s'offrent encore pour donner satisfaction à tous, et bannir toute récrimination possible : c'est en premier lieu le jury élu par chaque artiste; lequel, en apportant ses œuvres, devrait y joindre un bulletin de vote, contenant les noms de ceux qu'il reconnaît pour ses pairs. Jury dont nous avons eu déjà l'expérience, mais qui, nous devons le dire aussi, n'a pas laissé parmi les artistes une marque beaucoup plus équitable que celui de l'Institut, dans la teneur de ses jugements.

Cependant nous protestons ici qu'on n'avait pas droit à se plaindre, chaque année pouvant modifier l'ensemble de ce cénacle qui avait pour garant de sa conscience et de ses scrupules, la crainte de ne pas voir se renouveler l'honneur qu'il avait reçu. On peut tout espérer de l'homme que son grand nom même ne mettra pas à l'abri de la non-réélection, s'il s'est montré exclusif, ou n'apportant pas toute la maturité nécessaire à la mission qui lui a été confiée.

Il y a une observation sérieuse à faire en faveur de ce jury, observation dont on s'est peu préoccupé, quand on l'a si facilement abandonné pour retourner à celui de l'Institut; c'est qu'il devait amener nécessairement un rapprochement inévitable et une confraternité bien précieuse entre tous les artistes, du plus grand au plus petit; une espèce de solidarité morale qui eût pu avoir les plus excellentes conséquences sur l'avenir de l'art et des artistes. On s'est lassé trop tôt, on n'en a pas eu le mot suprême.

Enfin nous arrivons à la liberté complète, large, sans mesure, dernier mode de satisfaction à tous, c'est-à-dire l'exposition intégrale de toutes les œuvres envoyées : Ni jury, ni classement.

Nous avouons avoir des sympathies si chères pour ce grand mot de liberté, qu'au premier moment nous n'éprouvons que le désir de nous incliner profondément devant lui, et cela avec d'autant plus de raison que le prix d'entrée perçu sur le public, depuis quelques années, tend à changer essentiellement le caractère des expositions ; à ce point qu'il peut paraître légitime et de droit que la lumière soit pour tous, l'État ne prenant plus sur ses deniers pour ouvrir un salon privilégié aux seuls artistes qu'on lui dit en être dignes.

Mais c'est alors que le trouble peut se faire dans les esprits devant cette exhibition terrible ; car nous professons que la lettre alphabétique pour le placement des œuvres (mesure vraiment sincère de loyauté administrative) est chose acquise à jamais, puisqu'elle bannit toute faveur, en même temps que toute exigence et récrimination. Mais alors, répéterons-nous, que de courses, que de difficultés à la recherche du vraiment beau, dans ce tohu-bohu d'œuvres de valeurs si diverses, se coudoyant et se mêlant à l'infini.

Nous ne craignons pas d'avancer, quelque admiration que nous ayons pour une mesure si grande, si complète, que nous pensons qu'il faut la soumettre à des lois, afin d'en déduire les plus heureuses et meilleures conséquences. Ce qui nous ramène à notre point de départ, c'est-à-dire à notre préférence pour le maintien du jury de l'Institut avec la contre-exposition si judicieusement inaugurée par S. M. l'Empereur.

Maintenant qu'on nous permette un mot sur l'abus administratif dont on a cru pouvoir user pour le placement (nous devrions dire pour l'anéantissement) des œuvres de talent qui se trouvent dans l'exposition des refusés. Et tout d'abord, et comme entrée, afin que cela puisse se voir du plus loin possible, on a étalé les *types de chevaux* inouïs, dont nous avons parlé déjà, ainsi que quelques autres spécimens les plus précieux du genre. Puis, au lieu de mettre ensemble les trois toiles du même artiste, ce qui devenait indispensable, surtout pour les bons tableaux (puisque, en engageant à profiter de la faculté de retirer les œuvres non admises, on a tant dit qu'elles seraient noyées dans une écrasante médiocrité); au lieu de cela, disons-nous, on a eu soin d'éparpiller le plus qu'on a pu les bonnes toiles, jusqu'à mettre dans trois salles différentes les trois tableaux du même auteur. Quant aux autres, celles mauvaises, c'est la manière contraire qui a été adoptée.

Tels sont les moyens que l'administration a cru devoir employer, dans l'intention toujours de prouver son grand intérêt aux artistes, et pour prouver en même temps, nous n'en doutons pas, combien elle avait à cœur l'interprétation intelligente de la mesure impériale.

Enfin, sans revenir sur l'aperçu général que nous avons donné, tâchons d'énoncer quelle est la véritable question posée par la contre-exposition. Car il ne s'agit nullement, comme le gros du public semble l'imaginer, d'établir le moindre parallèle entre l'exposition officielle et celle-ci ; mais bien de savoir si, dans la première, contre toute justice, on n'a pas reçu nombre de toiles n'étant pas dignes d'y figurer ; et si, dans la seconde, contre toute justice aussi, il ne s'y rencontre pas un nombre considérable de bonnes toiles, parfaitement dignes d'être admises par le jury ; et s'il n'est pas évident alors, et de toute équité, devant ces défaillances et erreurs du jury (qui, nous le reconnaissons, sont de toutes choses humaines) de conserver et de maintenir pour les expositions ultérieures, ce grand refuge, ce redressement des torts causés ; c'est-à-dire chaque année la contre-exposition obligée et intégrale des œuvres réjetées par le jury d'admission.

IV

REVUE DE L'EXPOSITION DES REFUSÉS. — APPRÉCIATION DES
ŒUVRES DE VALEUR QUI S'Y TROUVENT.

Pour terminer cette étude sur l'exposition des refusés, étude que nous avons tâché, selon nos forces, de rendre la plus complète possible, nous allons passer en revue les toiles de valeur qui peuvent s'y trouver, nous abstenant de parler des médiocres, et aussi, bien entendu, de celles indignes qui n'annoncent que sottise ou maladie mentale quelconque de la part de leurs auteurs.

Mais à tout seigneur tout honneur ; et, puisque nous avons mentionné plus haut la fermeté dont a fait preuve le Comité, voyons donc si ces individualités, au point de vue de leur art, ne restent point à la hauteur où les a placées l'énergie qu'elles ont déployée.

M. **Chintreuil** (paysagiste). Organisme droit, consciencieux, et qui devient âpre quand il se met à la recherche de tout ce que la nature, cette amante si multiple d'aspect, peut lui révéler encore qui n'ait pas été dit. Il y a du maître et une conviction profonde dans son tableau *les Champs aux premières clartés;* mais, hélas! poëte qui la trouvez toujours belle, ne craignez-vous pas qu'on l'insulte d'un regard dédaigneux, en la montrant aussi austère et triste? Il faut s'empreindre de l'amour sans bornes qui vous possède, être un élu, enfin, pour la comprendre et l'aimer ainsi. Si vous avez le privilége d'enseigner à tous les mille beautés inconnues que ne peut découvrir la foule, tâchez de choisir celles dont la simplicité touche toujours; ou bien les éclatantes, que ne peuvent nier les ignorants, et qui entraînent l'élan des plus incrédules.

Votre étude de novembre n'en dit pas assez pour intéresser; mais je vous retrouve dans *les Champs de sainfoin;* c'est une idylle simple et vraie qui rappelle vos qualités les meilleures. Il semble qu'on respire les émanations suaves de ces hautes herbes, et l'on se prend à vouloir se joindre aux travailleurs qui récoltent ce bien du bon Dieu; enfin, cela fait aimer et désirer la vraie nature, cette bonne et grande consolatrice de toute affliction.

M. **Desbrosses** (Jean). *Les Embrasseux.* C'est une paysanne belle de candeur tranquille, et qui se laisse embrasser par un gros gars, dont la timidité et la gaucherie ont été vaincues à la rencontre de celle qui a tout son cœur. Il n'y a là aucune malice ni arrière-pensée, et quand les grands parents l'auront décidé, l'union suivra ces avant-propos d'un amour naïf. L'expression virginale et ferme de la fille vaut toutes les gardes dont on entoure nos plus précieuses demoiselles; quant au garçon, il ne sait pas parler, mais sa contenance témoigne de son estime et de son respect. Il a rangé ses mains derrière le dos, et c'est à distance, et en se penchant le plus qu'il peut, qu'il se laisse aller à cette preuve de mutuelle affection qu'il n'a pu retenir.

Pourquoi faut-il que cette toile, qui dit bien tout ce qu'a voulu rendre son auteur, pèche par un manque d'étude, que nous reprochons avec d'autant plus de force à M. Desbrosses, qu'il nous montre des qualités plus difficiles à rencontrer. En effet, il y a une finesse rare de rendu dans cette bonne grosse peinture, et elle se distingue par une délicatesse de sentiments et une exquise rectitude de cœur qu'on ne saurait trop louer. Mais, pour Dieu, n'oubliez jamais qu'un bras et une main sont chose très-sérieuse dans un tableau où les figures sont grandes comme nature et coupées aux genoux; et puis votre tête de chèvre est mauvaise.

Le Berger (effet de soir). Dans un vague gris et terne, animé seulement par une dernière forme rougeâtre du couchant, passe, comme l'emblème d'une vie monotone et douloureuse, le berger entouré de son troupeau ; cet être a des fibres aussi, car il semble emporter avec précaution et tendresse une brebis, malade sans doute. Cela a un accent triste et désolé que l'auteur a voulu rendre ; et nous ne lui reprochons rien, que de rappeler un peu Millet, le barde pictural de la vie des champs.

M. Desbrosses a eu une toile admise par le jury : *Une femme à son rouet*. Pourquoi plutôt celle-là que les autres ? Nous ne saurions le deviner.

M. Desbrosses (Léopold). Son paysage, *Soir d'automne*, est une bonne étude qui a les qualités que nous aimons ; on rêve devant ce crépuscule encore tiède des derniers rayons disparus, et la tonalité des tons noyés dans la vapeur qu'exhale la terre atteste la vigueur et la maturité d'un vrai talent.

Waterloo (épisode du chemin creux d'Ohain), eauforte. « L'instant fut épouvantable : le ravin était là, inattendu, béant, à pic sous les pieds des chevaux, profond de deux toises entre son double talus. Le second rang y poussa le premier, et le troisième y poussa le second ; les chevaux se dressaient, se rejetaient en arrière, tombaient sur la croupe, glissaient les quatre pieds en l'air, pilant et bouleversant les cavaliers..... »

« Et quand cette fosse fut pleine d'hommes vivants, on marcha dessus et le reste passa. » Telle est la terrible page du maître que n'a pas craint d'aborder M. Léopold Desbrosses, et, disons-le hardiment, dont il a pleinement réussi à rendre la fulgurante horreur.

Salvator et Decamps ont pu peindre, en les étudiant, ces hécatombes sauvages ; mais c'est plutôt le croquis et l'esquisse qui semblent, selon nous, appelés à pouvoir les retracer ; le détail échappe dans un tel chaos, et pour la toile faite, cependant, et de grande dimension, il faut qu'il s'y trouve. C'est ce qui rend les grandes batailles officielles de nos peintres modernes si monotones et si ennuyeuses : chaque bonhomme est cherché, étudié, ajusté, quand il devrait jaillir comme l'éclair de l'imagination qui le sent. Aussi, cette furia manquant, cadavres, combattants, chevaux et fusils, tout cela pose et n'offre plus à l'œil exercé qu'un tableau du Cirque plus ou moins réussi.

M. Desbrosses (Léopold) a, lui aussi, un tableau reçu, et, de plus, une eau-forte, mais qui est loin de valoir celle que nous venons de décrire : nous n'en contestons aucunement l'habileté ni la bonne facture, nous soutiendrons seulement que M. Desbrosses doit être de notre avis dans cette appréciation.

M. Dupuis (P. Félix) a trois portraits dispersés dans trois salles différentes : peinture sincère et sobre qui dénote les fortes études d'une carrière plus large que celle du portraitiste.

Dans le portrait de mademoiselle J. C., la tête est bien modelée, et l'auteur a heureusement rendu la beauté intelligente et fine qui doit la caractériser. L'harmonie douce qui enveloppe cette jeune figure l'a inspiré dans la couleur et l'ensemble des ajustements dont le faire est très-bon.

Une tête blonde à chevelure et à barbe luxuriante, jeune, très-jeune encore, et le carmin aux lèvres; et avec tout cela une allure austère et mâle qui arrête le regard et vous fait penser : tel est le portrait de M. Maugin, qui est ce que M. Dupuis a de plus fermement senti.

Madame D*** de M*** est une figure originalement belle, et l'artiste nous semble avoir compris cette certitude de maintien et d'abord, qui est une source de grâces pour la femme accomplie; le costume est bien traité et magistralement choisi. La tête ne nous paraît pas autant étudiée que les précédentes, ni aussi complète qu'un semblable modèle l'eût exigé.

Enfin, plus de force et d'audace picturale, est le conseil que nous croyons devoir donner à M. Dupuis.

M. Juncker (Fréderick). *Le Dernier mot du réalisme* (pastel). Un volume des *Misérables* de Victor Hugo, ouvert aux deux pages qui terminent le chapitre de Waterloo, est adossé sur un *Traité du sublime* et le *Dictionnaire des synonymes;* une large feuille de vigne vient cacher au public le dernier mot de Cambronne, et la fumée d'un morceau de sucre, brûlant sur une pelle, accompagne cette satire, que complète, dans le fond du tableau, la fameuse phrase écrite en gros caractères : « *La garde meurt et ne se rend pas.* »

Quoique nous fassions de graves réserves sur le

choix du sujet, nous n'en constatons pas moins une verve et une pointe spirituelle, unie à un faire agréable et ferme tout à la fois.

Le second pastel de M. Juncker est intitulé : *Groupe de fleurs*, et par son importance et la manière facile et bonne dont il est traité, méritait bien, Dieu merci, de figurer dans les salles privilégiées, surtout à côté des rares spécimens du genre qu'on y rencontre; trois ou quatre tout au plus, et encore nous les trouvons bien pauvres à côté du tableau dont nous parlons.

Nous ne comprenons pas cette parcimonie de la part du jury, à l'endroit d'œuvres agréables et brillantes, qui jettent tant de charmes au milieu des études graves d'autres toiles. Lis, pivoines, roses et iris, tout cela est bien exécuté, vrai de ton et grandement compris. Nous ne reprochons à ce tableau que d'être un peu faible d'intérêt dans les accessoires et de manquer du laisser-aller et du pittoresque que donne la nature, dans un bouquet franchement cueilli par une main habile.

Mais si nous avons pu n'être pas du même avis que M. Juncker sur le choix du sujet de son premier tableau, combien devant celui-ci, *Souvenir fraternel* (pastel), nous nous trouvons à l'aise pour en louer et l'idée et les sentiments exquis qui l'ont inspiré !

Une campagne triste et désolée se profile sur un ciel brûlant et impitoyable; à droite, au milieu d'une touffe de laurier-rose, la branche la plus vigoureuse, toute chargée de boutons et de fleurs déjà épancuies, se penche brisée et va s'éteindre dans le marais impur qui forme le premier plan. Au pied de ce laurier, et abandonné sur le rivage, un képi d'officier rappelle l'être dont cette branche est le triste emblème.

Une large étoile qui scintille au ciel nous reporte à cette légende placée sur un cartouche attenant au cadre : *A Louis-Jean-Charles Quénont, chevalier de la Légion d'honneur. Vera-Cruz, 21 avril* 1862.

On ne saurait assez répéter combien tout cela est délicat et tendre. M. Juncker, vous êtes moins léger que nous n'aurions pu le croire tout d'abord. Si vous faites parler les choses inanimées, le langage de vos fleurs est si triste, si vrai, si senti, que nous reconnaissons avec plaisir toute la force d'intérêt que donne l'idée unie au talent que vous possédez.

M. Lapostolet. Encore un nom et un talent qu'on pouvait croire à l'abri des sévérités ou des inattentions du jury. Son *Écluse de Plombières, près Dijon*, est un tableau de maître par la vigueur, la manière large et grande dont il est traité. Il se trouve là un accent haut et grave qui peut-être n'attire point la foule, mais est pour nous comme le cachet d'un talent consommé.

M. Lapastolet a été jugé digne aussi de n'avoir pas ses toiles à côté l'une de l'autre ; il nous a été impossible jusqu'à présent de trouver sa seconde toile, intitulée : *Paysage.* Nous en reparlerons.

M. Levé (Charles). Son couple de moineaux (sculpture marbre) est délicieux de charme et d'amour; c'est finement fouillé et d'un aspect franc et sincère comme celui du volatile aimable qui anime et console la mansarde; aussi éprouve-t-on une espèce de contraction en apercevant cet autre cher être, qui se débat et succombe sous les étreintes d'une couleuvre. Ce second sujet est harmonieux de lignes, et nous louons très-sincèrement M. Levé pour son rendu précieux et doux. La *Perruche* aussi (marbre) a les mêmes qualités.

M. Pelletier (Jules). *Portraits de madame N... et de son fils*. Un peu clinquant de couleur, mais renferme cependant des qualités vraies de peintre. Trop d'hésitation dans la facture donne aussi un aspect faible à cette toile.

Pêches et raisins (pastel). Ici tout est franc et de bon aloi; les raisins sont mûrs, les pêches font envie; c'est bien fait et digne d'un artiste sûr de son talent; et à part la couleur, un peu violente encore, je conseille à M. Pelletier de se livrer davantage à ce genre, qui me paraît mieux lui convenir que la figure. M. Pelletier a une toile admise dans les salles officielles, intitulée : *Faisan et perdrix*.

MM. MANET, WHISLER, FANTIN-LATOUR, GUSTAVE COLLIN, THIERRY ET VIELCAZAL.

Nous sommes très-heureux de rencontrer des individualités comme celles que nous réunissons ici, à dessein, dans un paragraphe à part; et, bien que nous ne partagions point l'esthétique qui semble les diriger, la forme nouvelle qui en surgit n'en fait pas moins ressortir l'utilité rigoureuse de maintenir une exposition libre, où toute aspiration consciencieuse puisse se produire. Car si nous comprenons que le jury de l'Institut, gardien naturel des traditions du grand art, se refuse à agréer de semblables élans, il n'en faut pas moins reconnaître qu'il devient de la plus haute importance, et comme justice, et pour l'avenir de l'art, que la saine lumière du grand public vienne signaler le bien et le bon qui peuvent s'y trouver.

Quant à nous, nos réserves faites, nous n'éprouvons

nulle difficulté d'avouer qu'il y a beaucoup de talent dans la manière preste et vive dont M. Manet procède; il y a, de plus, une finesse et une distinction dans cette peinture qu'on ne saurait méconnaître. Et, bien que l'idée soit complétement absente des sujets traités par M. Manet, son *Jeune homme en costume de majo* et *Mademoiselle V., en costume d'Espada*, n'en restent pas moins des toiles recommandables par les qualités que nous venons de signaler.

Mais si on peut faire de l'excellente peinture sans idée, que dirons-nous du choix qui a présidé à celle intitulée : *Le Bain?* Une bréda quelconque, aussi nue que possible, se prélasse effrontément entre deux gandins habillés et cravatés le plus possible aussi. Ces deux personnages ont l'air de collégiens en vacances, commettant une énormité *pour faire les hommes;* et je cherche en vain ce que peut signifier ce logogriphe peu séant. Si M. Manet n'y a pas cherché malice, il a une muse qu'il fera bien de ne pas toujours écouter; c'est là farces de jeune homme, ou plaies vives indignes d'être étalées ainsi. Le paysage est bien traité dans cette toile, la plus considérable qu'ait envoyé M. Manet; mais les figures sont trop *lâchées*, et nous ne saurions mieux lui exprimer notre critique que de lui rappeler, afin qu'il s'en inspire davantage, la forte étude qu'il a exposée en 1861 dans son *Jeune homme à la lourde épée.*

M. Whisler, *Dame blanche.* Les ignorants rient en

passant devant cette toile ; je comprends qu'on l'exècre, mais je défie que tout être, un peu imbu de sentiments artistiques, ne s'arrête et ne pense devant cette jeune femme sévère, habillée tout de blanc, se détachant sur un fond blanc aussi. Des quelques fleurs répandues à ses pieds une seule est restée dans sa main tombante. Elle est debout et posée fièrement sur une peau de bête, qui complète l'originalité austère de ce tableau.

Tout un caractère, tout une vie à part sont empreints là, et vous forcent à rester et à regarder encore. C'est une apparition, une héroïne inconnue ; et au point de vue pictural, il s'en émane une saveur artistique recherchée et puissante, qui annonce le chercheur fort.

Nous rencontrons dans M. Fantin-Latour un pinceau rare, qui annonce un talent, peut-être, bien éminent pour l'avenir : son portrait est d'une pâte puissante, en même temps que d'un effet doux et fin par la recherche apportée dans l'harmonie qui l'enveloppe.

Un tableau du même artiste, intitulé *Féerie*, rappelle la palette des plus brillants coloristes ; mais il est si lâché de forme, que le spectateur ne conserve pas long-temps l'attention que mériterait cette peinture pleine de promesses et de qualités déjà acquises.

M. Collin (Gustave) met en scène des *Basques espagnols jouant à la pelote*. Entre un haut rempart poudreux de lumière et un talus où se tient massé ce public si bigarré et pittoresque de l'Espagne, les joueurs se livrent à leur exercice favori ; à gauche, au premier plan, on s'agite, on remue, on parie. Il y a du soleil partout dans cette toile ; la même foule bigarrée et pleine d'animation se retrouve au haut du rempart, et cela sans monotonie aucune pour l'œil étonné : c'est vivement et franchement accusé ; et, pour résumer en deux mots ce tableau, on pourrait l'intituler : mouvement et lumière.

M. Thierry, *Tableau de genre* (sans numéro et pas au catalogue). Ceci se passe sous une tonnelle : à la suite des francs ébats et des chansons, est venu le jeu, et nous en sommes à la dispute d'un coup douteux. Les épées sont proches, les figures enflammées ; les donzelles s'enfuient effarées. Cette scène est vivement jetée, peinte avec une humour incontestable, et l'on peut certes prédire que son auteur annonce un véritable artiste.

Quant à M. Vieilcazal, nous nous permettrons de lui demander quel plaisir on peut éprouver à la vue de cette pauvre bête exténuée qu'on va tuer ? *Un cheval vicieux, condamné à être abattu, cherche à s'échapper des mains des équarrisseurs après avoir rompu ses entraves.* C'est largement et vigoureusement peint ; mais je ne comprends vraiment pas le choix de pareils sujets. Est-ce un coup de pistolet en l'air pour attirer l'attention ? Cherchez alors une pointe plus heureuse, dirons-nous à l'artiste, car je doute que vous ayez réussi. Enfin, c'est bien peint, nous le répétons, et méritait certainement un regard du jury. M. Vicilcazal a aussi une petite étude intitulée : *Tête de cheval*, qui nous rappelle les qualités plus délicates et fines que nous lui connaissons.

PEINTURE D'HISTOIRE ET PORTRAITS

MM. MICHEL (JULES), DOYEN, MAUGEY, ZIPÉLIUS, GAUTIER, WHIL, LEGRAND, TABAR, GARIOT, ETC., ETC.

M. Michel (Jules) nous mène tout droit au classique, et nous avouons ne point comprendre ce qui a pu faire exclure sa *Bacchante*, toile trop importante par sa dimension et son excellente facture pour n'avoir pas été aperçue par le jury.

Une belle jeune femme, vêtue seulement de sa luxuriante chevelure d'or, se renverse en arrière et envoie un dernier geste d'amour à l'image du dieu Bacchus. La coupe est tombée de l'autre main, qui s'appuie sur la peau de tigre traditionnelle ; un vase d'airain, rempli du fruit de la treille, est jeté à ses pieds et jonche le terrain de vendange. La bacchanale dans le fond, les accessoires qui accompagnent le sujet principal, l'atmosphère ambrée qui circule, rien ne manque à cette toile pour en faire un tableau vraiment digne et très-bon. C'est étudié, gracieux et d'un bon dessin ; la pâte en est ample, mais donne peut-être trop de mollesse aux modelés.

Est-ce la dimension exagérée de la toile employée par M. Doyen pour son sujet, *le Berger et la mer*, qui lui a valu l'exclusion de l'exposition officielle ? Au beau temps de l'Institut, temps où l'envahissement de tendances nouvelles n'avait pas encore pénétré jusqu'à lui, peut-être se fût-il montré plus indulgent à l'endroit de cette étude à l'allure magistrale et austère. Cette grande figure est bien posée, et rappelle, par sa tournure, les proportions antiques des premiers âges de nos pères ; la peinture en est vigoureuse de faire, quoique dans une gamme de tons très-sobre et qui laisse toute leur valeur aux belles lignes qu'elle développe.

La Femme adultère, par M. Gautier. Ce n'est pas la tendre miséricorde de l'Évangile qui a inspiré l'auteur de cette toile, c'est le fait, un drame terrible dont il a voulu représenter le dernier épisode. Un homme droit et rigoureux comme la sentence qu'il prononce, apparaît sur le seuil de la demeure souillée ; il chasse de son cœur et de son toit celle qui n'est pas restée la fidèle moitié de son être ; son bras, raide et d'équerre avec son corps, montre d'un geste strident l'objet de son déshonneur, et a l'éloquence affreuse de ce mot : *Jamais !* qui refuse le pardon à l'adultère.

La pauvre créature n'a pu fuir plus loin ; elle s'est affaissée à trois pas de son juge, et demeure comme perdue dans des flots de larmes ; ses deux mains couvrent son visage et semblent soutenir la tête qui se lève pour demander à Dieu un suprême refuge.

C'est froid et irrévocable comme une sentence de cour d'assises ; le paysage où se passe cette scène est presque lugubre ; quelques branches dépouillées se profilent tristement sur un ciel zébré de sang ; et jusqu'au gardien du logis, un chien, hurle et se montre sans pitié pour cette chute immense. Tout ce tableau a un accent rare de force ; il vous fait mal et vous attire ; il est sobrement peint, d'une harmonie vraie et bien adaptée au sujet. Nous ne ferons qu'une critique à M. Gautier, elle porte sur la dimension très-démesurée, selon nous, qu'il a donnée à son œuvre ; cette dimension, il est vrai, nous l'a fait ranger dans la peinture d'histoire ; mais, néanmoins, nous pensons que, réduite à la proportion de demi-nature, elle eût gagné en intérêt et en recherche de la part du public.

M. Maugey (Claude). *Le Christ abandonné.*

Quia multum dilexit mundum.

(Evangile selon saint JEAN.)

Le corps du Christ est abandonné sur le haut du Calvaire et a conservé la rigueur de la position qu'il avait sur la croix ; un nuage déchiré jette sur cette enveloppe mortelle une lumière triste et pâle. Quoique cette page pèche un peu par le style, nous n'en dirons pas moins à son auteur : Courage, il y a en vous l'étoffe d'un véritable artiste.

Le Christ au tombeau, de M. Zipélius, est une étude d'élève, mais d'élève fort et digne d'entreprendre un vrai tableau pour l'exposition prochaine. — Courage donc, lui dirons-nous aussi, et ne défaillez point devant la rigueur qui vous a repoussé cette année.

M. Whil n'a pas envoyé sa notice au catalogue; aussi sommes-nous assez embarrassé de savoir quel est le personnage martial et rustique assis dans ce large fauteuil de châtelain, que cet artiste a représenté dans une peinture grasse et colorée que nous approuvons fort. Est-ce un stathouder, ou un grand d'Ecosse, ou tout simplement un paysan de bonne maison? En tous cas, c'est un type prime-sautier qu'on ne rencontre plus guère que dans les provinces où l'affadissement de la civilisation n'a point encore pénétré. Cette nature luxuriante et colossale s'est conservée ainsi, grâce aux exercices primitifs, qui semblent être son unique préoccupation; un basset, qui dort à ses pieds, et un carnier pendu au dos du fauteuil, l'attestent d'une manière irrécusable. Ce grand portrait est une excellente toile. Citons aussi de M. Whil un esclave enchaîné à un large poteau, étude plus grande que nature et touchée fermement.

Si le jury représentait l'école qui s'est affirmée dans ces derniers temps sous le nom de réalisme, à coup sûr nous ne serions point surpris qu'il eût pu rejeter le *Portrait en pied*, de grandeur naturelle, de M. D. O'Higgins, peint par M. Gariot. Mais, en vérité, quelle a pu être la base des rigueurs dont cet artiste se trouve frappé par l'Institut? Serait-ce parce que, depuis les détails les plus infimes jusqu'à ceux les plus importants, tout, dans cette toile, est achevé, étudié et poussé beaucoup trop loin, selon nous? Est-ce à cause de la couleur un peu violente de la tête et des mains? Mais non, tout ceci est affaire de critique, et n'a pu nullement motiver l'exclusion d'un tableau aussi recommandable par tant d'autres qualités, et se soutenant dans son ensemble par une harmonie tranquille qui en fait une œuvre sérieuse et très-bonne. Sa dimension ne permet pas non plus d'admettre qu'elle ait pu passer inaperçue.

Nous chercherions en vain le mot de cette énigme, laquelle atteint aussi un autre portrait moins important du même auteur, mais aussi achevé et fini que le précédent.

Le talent sérieux de M. Gariot lui a valu, en 1861, l'exécution de figures décoratives pour le salon de Sa Majesté l'Impératrice, au palais de l'Élysée-Napoléon.

Nous nous trouvons dans le même embarras à l'endroit de M. A. Legrand, qu'on pouvait croire à l'abri d'un si incroyable résultat, par le talent sûr et connu déjà qu'il possède. Sa *Mater dolorosa* atteste les études sévères des maîtres; son *Faust* est un tableau bien exécuté, et *le portrait*, toile de cinq, qu'il a envoyé, supporterait la comparaison avec les meilleurs qu'il y ait en ce genre : finesse de modelé, largeur d'effet, harmonie savante; rien ne manque à cette œuvre, de petite dimension, il est vrai, pour la ranger au nombre des plus accomplies de l'Exposition officielle.

Mlle Fayolle n'a pas été complétement exécutée dans son envoi au jury; elle a un tableau reçu, *Etude de femme romaine*, très-largement faite, et surtout très-vraie au milieu de toutes les Italiennes d'opéras-comiques qui encombrent le Salon. Mlle Fayolle, sous ce titre, *Souci et inquiétude*, nous montre ici une douce figure enfantine, exprimant la langueur et la souffrance. On comprend bien l'émotion agitant le cœur de la jeune mère qui, de concert avec son époux, enveloppe le petit ange aimé de tendresse et d'amour. Le talent de Mlle Fayolle n'a rien d'exagéré et doit plaire à tout le monde; elle peint avec une verve consciencieuse qui attire et attache à son œuvre.

M. Briguiboule a eu deux toiles admises par le jury, et nous nous demandons aussi pourquoi on lui a refusé celle que nous rencontrons au salon annexe? Puisque la peinture d'histoire devient de plus en plus rare, et s'en va, dit-on, ne serait-il point d'une importance extrême pour l'Institut de ne pas décourager par des arrêts injustes ou erronés, ceux qui font preuve de tendances et d'études sérieuses, aboutissant à ce *summum* de l'art? Nous n'approuvons point le parti pris sourd et noir qui enveloppe l'œuvre de M. Briguiboule, mais nous en louons très-sincèrement la donnée large et grande, ainsi que les morceaux remarquables que nous y constatons.

Le duc de Suffolk recevant dans sa prison la visite de la vieille Kate Nelly, nourrice de sa fille Jane Gray (effet de lampe), est encore un tableau d'un haut accent, bien composé et largement peint. Nous ne craignons point de prédire à M. Tichit un bel avenir, en le conviant à persévérer. La toile de M. Baujoint annonce l'étude des maîtres et se recommande par une douceur de touche et d'aspect, bien adaptée au sujet *Psyché regrettant l'Amour qui l'a abandonnée.* Sous le numéro d'inscription 4658, une *Vénus coupant les ailes à l'Amour*, est une œuvre qui possède de bonnes qualités d'harmonie, mais pèche un peu par le dessin. M. Blanc-Fontaine mérite aussi d'être mentionné pour sa *Barque*; nous ne pouvons indiquer le sujet puisque l'artiste n'a pas envoyé au catalogue, ainsi que beaucoup d'autres dont les noms mêmes nous restent inconnus par l'impossibilité de les déchiffrer.

Citons aussi le *Songe d'une nuit d'été*, de M. Hippolyte Dubois; *Jeanne la folle*, de mademoiselle Moisson Desroches; trois tableaux religieux, de mademoiselle Amanda Fougère; et enfin proclamons les noms des auteurs de têtes d'étude ou portraits se rattachant par leurs grandes allures ou le faire large, au domaine de la peinture magistrale. Ce sont MM. Bouchet (Auguste), Lapret (Paul), Sallé (Pierre), Simonin (Charles), Tabar, qui a eu deux toiles admises; mademoiselle Ducket, un *portrait* très-ressemblant de M. Jules Janin; puis encore MM. Birotheau, Favergeon, Gaudefroy, Julian (Rodolphe), deux bonnes têtes d'étude, et les toiles inscrites sous les numéros 5494, 1818, 3931, 40, 460 et 462.

PEINTURE DE GENRE ET MARINE.

MM. VILAIN (EUGÈNE), MALAVAL, CARLIER, LANDRIS, CALS, BISSON, G. DE SERRES, CASINETTI, BERTHELEMY, ETC.

Que de talent encore dans les toiles qui vont suivre! Que d'espérances et d'efforts déçus!....... Ah! si tant d'erreurs cruelles devaient enfin donner gain de cause aux vœux qui sont le dernier mot de cette étude, nous dirions bien haut à tous ceux qui en ont été atteints : Soyez satisfaits! La réparation est complète; vos œuvres ont été jugées dignes. Soyez fiers aussi du courage que vous avez montré en abordant, quand même, malgré les fâcheux et les sots, la contre-exposition; puisque vous avez gagné ainsi pour l'avenir un champ libre, où toute œuvre désormais ne pourra plus être méconnue ni enterrée.

Une toile échappée au jury, signée Eugène Vilain, nous ramène à cet espoir. Elle est petite, mais charmante de naïveté, et d'une palette savante : bien petite aussi est l'enfant endormie, sa poupée dans les bras. Tout cela, délicieux et rempli du talent que vous connaissez.

Le *Serrurier*, de M. Malaval, est une toile importante aussi par sa valeur artistique, et tellement soignée et franche d'allure, que nous avons entendu bien des exclamations de surprise à l'endroit de l'arrêt qui l'a frappée. C'est d'un effet saisissant, très-bien dessiné, et tous les détails finement conçus et largement exécutés.

Dans une gamme de tons riches et doux, un jeune homme semble faire désirer à sa compagne une grappe de raisin qu'il tient de sa main élevée. Cette idyle, de M. Carlier, est très-bonne et a une saveur de pâte charmante.

Mais voici de la joie, du bon et franc rire, comme on rit à cet âge : une troupe de gamins s'est emparée de la casquette de l'un d'eux et la fait sauter de main en main aux yeux piteux du bon camarade; il y a de l'entrain et de l'esprit dans cette œuvre de M. Landris, c'est fin de touche et d'harmonie.

La *Charité*, de M. Sevestre (Jules), nous montre un petit tableau de genre agréablement traité. Nous pourrions bien reprocher à l'artiste de n'avoir pas assez donné de pittoresque à son mendiant, mais la petite femme et les deux enfants sont heureusement arrangés ; les costumes sont vrais, les étoffes bien rendues. Deux autres toiles de M. Sevestre renferment encore des qualités sérieuses d'étude.

Sous le n° 337 nous abordons une figure jeune et grave ; elle semble venir de couper les premiers épis de la moisson, dont le tapis d'or pâle l'entoure, et s'étend jusqu'à l'horizon. Ce tableau, dont nous n'avons pu lire le nom de l'auteur, est presque digne de prendre place à la peinture historique, par l'accent et l'interprétation magistrale de l'ensemble.

Une note moins élevée, mais aussi grande de justesse, nous montre *un Intérieur de sabotier*, par M. Cals. Vérité presque triste, c'est le travail acharné : le père n'a pas le temps d'un regard et semble un étranger auprès des enfants que soigne la mère. Peinture un peu grise, mais naïve : école Millet. Notons ici le *Récit du soldat*, de M. Bisson ; il y a là aussi une conviction rustique, mais si sentie qu'elle se recommande à l'attention.

Avec M. G. de Serres nous revenons presque à la grande peinture. Son *Conteur dans les routiers au bivouac* a toute la saveur des bardes antiques, et sa *Descente de croix* est une esquisse pleine de caractère et puissamment colorée. Voici encore une sérieuse étude signée Velghe. C'est un petit Italien à demi-couché et transi sous un porche neigeux.

M. Degray (Henry) fait preuve d'un pinceau galant

et trop bien peigné peut-être : un jeune damoiseau fait entrer dans une ronde d'amours fillette candide et jolie. Si cette peinture manque de virilité, elle est cependant d'une exécution agréable et douce. Citons M. Aufray, qui annonce un peintre de talent dans son *Choc de cavaliers*. M. Audiat, pour son *Tableau d'intérieur*, et une petite toile sous le n° 496, promettant un représentant de plus dans cette longue galerie des peintres de genre.

Signalons en passant deux tableaux de marine de M. Casinetti ; c'est léger et bien troussé, quoique ferme de touche, bonne harmonie et aspect vrai. De plus, sous le n° 62, une étude juvénile d'animaux.

Mentionnons encore les *Funérailles de Marceau*, de M. Dupray. Enfin, comme précédemment, donnons les noms des œuvres dignes aussi de notre encouragement et de l'attention du jury. Ce sont MM. Paul Delamain, Emile Ytasse, Regamez Guillaume, Kathelineau, Lamy, Levis (Jean-Baptiste), Leblon et Oller, dans sa *Dormeuse* ; Auguste Andrieux et le n° 4099. N'oublions point M. Loutrel qui a eu ses trois toiles refusées. Son *Hallebardier* surtout, est une peinture fine, étudiée et renfermant les meilleures qualités d'avenir. Le *Jugement de Pâris*, de M. Lousteau, est un sujet aussi vivement jeté que le faire en est soigné et l'effet bien compris ; le dessin même des extrémités est d'une recherche qui annonce les études les plus sérieuses.

Mais arrêtons-nous un instant devant une bonne et

fine peinture de marine, dont nous ne pouvons lire le nom, n° 1453. C'est fête dans le port; les banderolles aux mille couleurs, pavoisant les navires, s'agitent et frémissent; la foule du rivage répond aux cris de joie des matelots, et une nuée de canards, prenant ses ébats, semble une note obligée pour que la fête soit complète. Tout cela est d'un ton heureux, très-spirituellement peint, et le ciel un peu lourd et manquant de profondeur est la seule critique que nous puissions nous permettre. Citons en même temps les trois marines de M. Cels, celles de M. Berthelemy et les deux de M. Gallard Lepinay.

Nous allions omettre une *Rue de village*, bien peinte et ferme de ton de M. L. Cordier; un *Arabe dans sa tente*, d'un dessin fin et d'une bonne couleur, par M. Prosper Henri de Lucienne, et le numéro 1294, tableau pas mal dessiné et ayant une saveur antique qui aurait dû lui faire trouver grâce devant le jury.

PAYSAGE.

MM. BLIN, LAVIEILLE, HARPIGNIES, LANSYER, CHAUVEL, PRIEUR, JONGKIND LAURENS, ETC., ETC.

Nous ne croyons point qu'à aucune époque on ait poussé plus loin qu'aujourd'hui la peinture du paysage.

Rêver aux grandes ombres du couchant; se sentir étonné aux mille bruits charmants qui accompagnent l'aube, et tout ce réveil, que la nature solennise chaque jour en sa saison de vie; être épris dans la forêt sombre des paillettes d'or qui scintillent; aimer la puissante ramure et les frais bourgeons verdissants; puis encore, bercé d'émotions austères, s'arrêter à la roche sauvage, découvrir les grands horizons, et laisser s'élancer son âme en prières intraduisibles; voir le ciel à toutes les heures; fouler toujours cette nature aimée;

enfin s'empreindre de tout ce bonheur, et le rendre
avec toute la foi ressentie : certes il y a là une existence
à part à envier, et qui peut faire comprendre le degré
de perfection où en est arrivée cette partie du domaine
de l'art que nous abordons.

Mais il faut des simples et des jeunes de cœur pour
épouser ce bonheur et en être pénétré. Et si nous
osions effleurer ici une thèse bien trop élevée pour nos
forces, nous dirions que c'est un signe bien heureux,
et une gloire nouvelle pour notre temps, que ce témoignage de puissance des sentiments primordiaux se
manifestant au milieu d'une civilisation presque à son
déclin.

Et cependant ce sont les paysagistes, ces croyants
purs et braves, qui, par leur nombre surtout, ont été
le plus frappés par le jury. Est-ce par lassitude, ou au
nom du peu d'importance que certaines gens attachent
à cette forme de l'art? Est-ce là principalement qu'il
fallait *décourager* et *restreindre?*...........................
Ah! arrêtons-nous, et revenons au plaisir de nos
yeux, plutôt que de reprendre une discussion éteinte.

M. Harpignies nous apporte un souvenir de la campagne de Rome, cette nature magistrale et tranquille
qui vous rassénère par le calme de ses aspects. Puis
un autre site, les *Canards sauvages;* d'ici l'on aperçoit
l'Adriatique et ses flots bleus moutonnant jusqu'à la
rive (ce fond de mer est ravissant). Tout cela est grand
et plein d'une poésie antique qui vous émeut; la pein-

ture est vigoureuse et hardie ; enfin le faire est d'une si extrême simplicité, que l'on s'étonne du résultat obtenu.

Avec M. Lavieille, nous sommes aux bords d'un ruisseau ombreux, plein de mystère, où l'on se sent agité de suaves émotions ; c'est délicat et tendre comme un sourire de printemps ; l'exécution sobre et large ne paraît point cependant avoir atteint la limite extrême où ce jeune maître peut l'amener.

Il vous prend une envie incroyable de courir s'informer à la ferme la plus prochaine, afin de s'assurer un gîte, pour passer quelques jours au milieu de la nature plantureuse et vivifiante où M. Blin nous conduit : de l'espace, de l'air à pleins poumons, une verdure à vous faire regretter de ne pouvoir s'y rouler. Pas de recherche de lignes, ni d'aspects pittoresques ; mais que ce ciel est doux, beau et profond ! comme cette allée s'enfonce loin, et qu'on serait bien à son ombre ! c'est la vie de la vraie et belle campagne, et d'une exécution picturale qui ne laisse rien à la critique.

M. Chauvel, dans la *Gorge aux loups* et au *Passage du gué* nous initie à de plus forts accents, c'est puissant d'effet et d'une peinture ferme et mâle.

Nous arrivons devant une des toiles les plus fortes en ce genre des deux expositions, et nous proclamons bien haut notre sincère admiration à M. Lansyer, pour son tableau intitulé un *Poste au bord de la mer ;* c'est un élève passé maître du premier coup, par la clarté

du coup d'œil, l'heureuse facilité du **rendu** et la simplicité de l'aspect.

M. Prieur nous inspire encore une exclamation à
l'endroit du jury : comment une peinture si excellem-
ment réussie que l'est celle de son *Lever de soleil*,
a-t-elle pu passer inaperçue? Pâte savante, harmonie
douce et fine, rien ne manque à cette toile. M. Lainé
a un paysage très-bon d'étude; M. Anguin, une grande
toile excellente de facture et de couleurs; M. Georges
Gassier fait preuve d'un vrai talent dans son *Effet du
matin*, et M. Laurens nous charme par l'harmonie
mélancolique qui enveloppe ses *Orphelines* conduites
par des sœurs de charité au milieu de l'allée profonde
d'une forêt.

Mais voici une nôte nouvelle à signaler : M. Jongkind possède un accent original et fort; et si la couleur paraît un peu monotone dans les trois œuvres
qu'il a envoyées, cette peinture renferme de telles
qualités de brosses et d'interprétations, qu'elle semble
promettre un grand avenir à son auteur.

Encore deux bonnes toiles à eaux transparentes de
M. Lambert Nollé; citons aussi les trois tableaux de
M. Perret (François), vigoureux d'effet et de facture ;
le *Crépuscule* de M. G. de Serres, d'une saveur et
d'un caractère que nous aimons fort. Enfin, puisque le
temps nous manque, disons vite que la grande toile de
M. Ségé est bien étudiée de plan; que le *Pâturage* et
les *Bords de la Seine*, de M. Schitz, sont des œuvres

très-recommandables et qui annoncent un maître, et donnons les noms de celles qui chacune demanderaient encore une mention spéciale : ce sont MM. Savery, Vernier, Aufray, M. Chassevent, un paysage classique très-bien fait ; M. Besnus, *Plaine marécageuse* et *Chemin de halage*, deux bonnes toiles à noter, qui révèlent des études consciencieuses, un vrai sentiment de la nature, et des qualités de brosse déjà très-savante. Puis MM. Bataille, Bouchet, Dutilleux, Leroux, Michelin, Pissaro, Vialle, Volon, Chevalier, Alfred Maurice, Mancini, Bertholon, Th. Tillot et Vernac. Nous affirmons que les œuvres de ces artistes méritaient les honneurs des salles officielles, ainsi que celles de MM. Bauzes, Bellecour, G. Gaston, Dubois, Lamy et Thiry.

Et pour ne rien omettre dans cette réparation qu'il nous est pénible de ne pouvoir rendre plus complète, en nous y arrêtant davantage, mentionnons encore les numéros suivants des toiles dont il nous a été impossible de lire les signatures, 3225, 2405, 1646, 3661.

Enfin, nous trouvons la seconde toile de M. Lapostolet, dont nous avons parlé comme membre du comité. C'est toujours le même accent haut et grave ; mais dans le sujet intitulé : *Paysage*, il y a un tel hachis de pâte qu'il ne nous apparaît plus que comme une étude, puissante il est vrai, et laisse toutes nos préférences à celui décrit par nous tout d'abord.

FLEURS ET NATURES MORTES

MM. LEROY, PAGEZ, DONEAUD, PIPARD, L'ÈRE (JULES) ;
MESDEMOISELLES THIBAULT, ADÈLE DELAPORTE, LOUISE
DARRU ; MADAME MARIA LOUSTEAU, M. LEMARCHAND, ETC.

Allons maintenant à la recherche des roses et des violettes, des beaux fruits et des plantes rares, le Japon et le Chine s'y mêlant ; en un mot, de ces spécimens d'objets précieux, précieusement reproduits, qui constituent ce qu'on appelle la peinture de fleurs et natures mortes.

Et le premier entre tous, par sa valeur artistique et son importance à tous les points de vue, est, sans contredit, le tableau portant le numéro d'inscription 4175, signé Legray ou Leroy. L'artiste, nous pouvons dire le maître, a réuni bon nombre des raretés citées plus haut ; et tout, dans cette toile, est bien à sa place, étudié, d'un brillant aspect, et d'un faire habile et sûr, qui rend toutes les finesses sans aller jusqu'à la préciosité. Certes, on ne saurait trouver en ce genre de tableau meilleur, plus achevé, mieux senti de couleur et d'effet.

Nous n'avons pas les secrets de l'administration ; mais s'il est vrai que l'Empereur, pour affirmer davantage encore la bienveillance de sa mesure à l'endroit des œuvres refusées, ait fait un choix dans le Salon-Annexe, nul doute que celle que nous signalons ne se trouve une des premières dans les acquisitions de Sa Majesté.

Où étiez-vous donc, MM. les membres du jury, quand cette œuvre a passé?... Sans cette absence, nous sommes convaincu que vous auriez répondu par une médaille à l'auteur de cette toile accomplie.

M. Pagez a trois petits tableaux d'une exécution moins artistement belle que celle du précédent, mais qui n'en sont pas moins, toutefois, dignes de l'amateur le plus distingué.

Ainsi que M. Juncker, M. Doneaud fait parler les choses inanimées ; et devant son excellent tableau, intitulé : *Suite de jeu,* on ne peut retenir une émotion poignante à l'aspect des objets qui gisent là épars sur ces dalles. Un tabouret renversé, une épée sanglante ; ce manteau, cette toque et ce ceinturon, traînant et jetés dans le plus grand désordre ; tout fait pressentir

une horrible scène, un meurtre peut-être ? car la cause
en est là vivante encore ; des cartes et de l'or semés
complètent cette sentence artistique. D'une exécution
peut-être un peu uniforme, la peinture de M. Doneaud
possède néanmoins des qualités sérieuses de dessin
et est d'une harmonie calme qui convient bien au
sujet.

M. Pipard. Un bouquet de violettes blanches dans
un vase de vieux Bohême, une lettre, des gants et une
bague, voilà tout ! A-t-on craint d'amener un concur-
rent à M. Desgoffe ? Car la préciosité de ce petit tableau est telle, qu'elle nous a rappelé le jeune maître,
le plus fort qu'on ait eu depuis longtemps. *Un Coin
d'atelier*, de M. Maugey, est digne aussi d'attention
par la finesse du ton et le faire large qui y brille.

Encore une très-excellente toile ! Nous avouons sans
phrase à mademoiselle Thibault que son *Dessert* nous
fait venir l'eau à la bouche, par la vérité qui y est
empreinte ; pommes et confitures, gâteaux, fine bouteille, carafon de vieux cognac et petits verres ; tout
cela est excessivement attrayant de rendu et très-fort.
Si ce tableau n'est pas tout à fait à la hauteur de celui
de M. Leroy, il vient immédiatement après comme valeur artistique.

Et puisque nous en sommes sur notre bouche, re-
mercions aussi M. L'Ère (Jules) pour le pâté plantu-
reux qu'il nous sert : fourchette, couteau, timbale et
bouteille, rien ne manque à cette toile, pas même le

bien faire; voilà encore un digne pendant à M. Leroy et à mademoiselle Thibault.

Le numéro 610 d'inscription (pas au livret, on ne peut même lire le nom). C'est un vase avec une rose thé et du lilas baignant dans l'eau; une pivoine blanche et des roses sont jetées sur la table au premier plan. Ce tableau est très-cherché et bien fait, quoique un peu mince d'exécution; en récompense, il s'y rencontre une grande finesse de rendu et il méritait très-certainement une place dans les salles officielles.

Voilà des œuvres signées Adèle Delaporte, et qui ne sont aucunement, je vous assure, de la peinture de demoiselle. La toile qui représente des pêches, fraises et groseilles, est fraîche d'aspect et d'une aimable humour comme palette. Le *Printemps et les roses* est finement et spirituellement traité, et d'une vérité de ton très-délicatement sentie; assurément, dirai-je à l'auteur, votre place est restée vacante au milieu des élus de l'Institut.

M. Lemarchand, lui aussi, méritait mieux du jury. Ces deux panneaux décoratifs sont largement traités et d'une franchise de brosse qui promet pour l'avenir. M. Bellenger a un *Coin d'atelier* très-bien peint. Citons encore le n° 1991 (pas au catalogue). Un melon, un plat de Saxe et des fruits; il n'en faut pas plus pour faire un bon tableau. Nous ne passerons point sans donner un encouragement à M. Prieur, pour son grand tableau de nature morte. Enfin, M. Salingra a deux bons groupes de gibier, et M. Oller une cuisine très-réussie d'effet. Notons aussi M. Graham et une fine main qui signe Louise Darru.

M. Gorillet (Jules) a des fruits excessivement bien traités, trop faits peut-être ! C'est un peu sec, mais si fort de rendu, que cela reste un tableau très-bon.

La *Cueillette du printemps*, de madame Maria Lousteau, est une peinture très-délicate de ton et de touche ; c'est ferme et d'un très-bon aspect. M. Laas d'Aguin a deux toiles qui se recommandent également à notre attention.

Et pour qu'on ne se méprenne point sur la manière restreinte dont nous sommes forcés d'en user à l'égard de certaines œuvres dans le cours de cette revue, répétons encore que, si, avec justice, nous avons dû nous étendre davantage sur celles d'un plus grand mérite, pas une toile, pas un nom cité par nous n'était indigne de figurer parmi les reçus du jury. En d'autres termes, nous n'avons parlé ni des affreux, ni des médiocres, qui ne devaient pas attirer notre attention ; et nous nous sommes efforcé de mentionner toute toile méritant à son auteur le titre d'artiste, titre qu'aurait dû consacrer la réception de ses œuvres à l'exposition officielle.

DESSINS, PASTELS, GRAVURES, ARCHITECTURE

MM. SAINT-FRANÇOIS, LALANNE, TOURNAYRE, ELMERICH ; MESDEMOISELLES PAULINE VIANCIN, LOUISE TEXTE GUGNON, ÉLISA FILLEUL ; ET MESSIEURS MASSON, GAUTIER, ETC.

Ainsi que dans l'exposition officielle, les galeries des dessins, pastels, aquarelles, etc., sont mal reliées avec celles de la peinture. Il résulte de ce manque d'unité dans l'ensemble du Salon, que, sur dix visiteurs, il en faut compter neuf qui passent sans se douter de l'existence de ces malheureuses galeries. Pourquoi cette proscription ?... Du moment que vous agréez les œuvres d'un artiste, avez-vous le droit de vous préoccuper de ses procédés de travail pour établir, selon vos sympathies, ce que nous ne pouvons nous empêcher d'appeler *des priviléges ?*

Pendant fort longtemps, des réclamations sans nombre étaient faites sur le placement des tableaux au Salon; la méthode adoptée maintenant, qui place chaque artiste par ordre alphabétique, a mis fin à toute espèce de partialité. Ne serait-il pas urgent aussi de mettre fin à l'exil où l'on semble réléguer les dessins, pastels, gravures, etc., etc.?

Ici, la déplorable nudité dans laquelle on a laissé ces galeries n'engage guère le visiteur à se hasarder dans ce désert, où cependant il se rencontre encore bien des efforts heureux, du talent méconnu, et des noms dignes des récompenses même du jury. Tel est celui de M. Saint-François (Léon), qui est une nouvelle énigme à deviner par l'exclusion complète dont se trouvent frappées les œuvres si éminentes de cet artiste. Peut-on rêver plus de force et de moelleux tout à la fois dans les simples ressources d'un crayon? Est-il rien de plus fort, nous allions dire d'égal dans les salles des élus?

Le plus grand des trois dessins de M. Saint-François, *Nuit d'automne*, est vraiment d'une puissance remarquable. Le ciel, tout floconneux de nuages éclairés par la pleine lune qu'ils encadrent, laisse entrevoir par quelques déchirures l'azur profond des nuits, tandis qu'au dessous la nature calme, recueillie, pleine d'ombre et de mystère, se réflète mélancoliquement dans les eaux silencieuses du premier plan.

Le second paysage est d'une grande harmonie, et

l'eau, que l'artiste excelle à rendre, est d'une transparence telle que l'on voit s'y reproduire comme dans un miroir toutes les beautés du site qu'elle baigne.

Quant à son sujet, *la Fièvre*, nous ne saurions exprimer trop vivement nos sympathies pour cette page tout à fait digne d'un maître. A la lueur vacillante d'une chandelle fumeuse, sur un grabat, un moribond, que garde une vieille femme à demi-noyée dans l'ombre du tableau, gesticule dans le paroxysme de la fièvre; dressé sur son séant, son bras droit, qui semble vouloir chasser les visions qui le poursuivent, s'allonge au-dessus de lui, nu, décharné, profilant sur la muraille sa silhouette fantastique. — Il y a de la terreur dans ce dessin; il vous saisit par l'effet large et bien rendu de son côté dramatique. — Ce misérable fiévreux, qui lutte avec la mort, et qui délire sur sa couche délabrée, est d'une puissance de vérité qui va jusqu'au terrible.

M. Lalanne. *Ruines dans un paysage;* fusain. —La composition en est très-jolie, l'exécution vigoureuse : c'est gras, harmonieux et digne de figurer dans toute galerie.

M. Tournayre (Louis). Un paysage au fusain, très-vigoureux et très-saisissant d'aspect; c'est largement fait et très-habilement traité.

M. Elmerich (Charles-Édouard). Un moine dans un paysage (fusain). Le paysage a beaucoup de pittoresque, le site est désert et bien ombreux; la petite figure du moine est très-adroitement dessinée ; il y a de l'air, de l'espace dans ce tableau. — M. Elmerich a deux paysages dans le salon des reçus ; si c'est une consolation, cela ne prouve pas que ce soit une justice pour celui-ci.

M. du Parc. Trois paysages au fusain, vigoureux, d'une perspective bien rendue ; l'un d'eux surtout, celui qui porte le n° 477 d'enregistrement, a de grandes qualités.

M. Eustache (n'est pas sur le catalogue). Grande marine au crayon. C'est une scène de naufrage d'une bonne composition ; on peut reprocher à la mer de manquer de vigueur, mais il y a des qualités éminentes dans cette œuvre.

M. A. Meunier. Paysage à la plume, très-finement dessiné, qu'il serait injuste de passer sous silence.

Viancin (mademoiselle Pauline); un portrait de femme au pastel. — Encore un rejet que rien ne peut expliquer ; ce portrait est d'un très-bon aspect ; il est vigoureux et largement fait ; les bras sont d'un bon modelé ; la robe est d'une exécution parfaite, et, à part un peu de sécheresse dans certaines parties du cou, ce portrait est excellent. Mademoiselle Viancin a le droit d'être étonnée de ne pas avoir été reçue avec une œuvre semblable, d'autant que, dans les portraits au pastel reçus par le jury, il y en a plus d'un, hélas! ne valant pas celui-là, à beaucoup près.

Texte-Gugnon (Mademoiselle Louise). Étude de raisins noirs. Les raisins de mademoiselle Texte-Gugnon sont très-bien faits, et le tableau portant le n° 1001 d'enregistrement est d'une vérité de tons très-remarquable. Si le feuillage était aussi heureusement traité que les fruits, ce serait une étude complète; la touche est large, facile.

Filleul (Mademoiselle Clara). Deux tableaux de fruits au pastel. Ces deux études sont bien traitées; les tons en sont frais et surtout très-vigoureux; on peut reprocher aux lumières d'être un peu cotoneuses; mais ces pastels ont une valeur sérieuse. Nous remarquons avec plaisir que, depuis quelque temps, beaucoup de femmes artistes prennent une largeur de touche jusqu'alors inusitée chez elles.

M. E. Corpet. Deux études de fleurs à l'aquarelle. A part un peu de sécheresse que nous reprocherons à l'artiste, nous n'avons que des compliments sincères à lui adresser sur ces deux études, dont la plus grande surtout est très-sérieusement traitée.

Buret (Mademoiselle Marguerite). Une étude de fleurs; aquarelle. Trop de sécheresse; ces fleurs manquent d'harmonie dans l'ensemble; mais néanmoins cette étude a des qualités que nous sommes heureux de reconnaître.

Sous le n° 1279 d'enregistrement, sans signature, nous trouvons une étude grande comme nature d'une vieille femme romaine. Cette étude, prise jusqu'à la ceinture, est excellente; c'est très-chaud et très-puissant de ton, bien dessiné, bien modelé; nous sommes heureux d'en faire à l'auteur nos sincères félicitations.

M. E. de Grisy. Un coq pendu par une patte, une bouteille, quelques huîtres (étude au pastel); la gamme générale en est un peu froide, mais l'étude est bien faite et le coq se détache parfaitement du mur.

M. Laurens. Deux aquarelles; études de paysages très-bien faites; le n° 3828 d'enregistrement est surtout bien traité; le ciel est vrai; le fond a de l'éloignement et le premier plan fait avec beaucoup d'adresse.

M. V. de Limoëlan. Trois portraits, mélange de crayon et d'aquarelle dans le genre de Vidal; deux de ces portraits sont très-jolis; celui d'une dame et la tête de jeune homme portant le n° 3436 d'enregistrement : c'est très-bien dessiné, et rien n'explique le refus de ces dessins.

M. Zuber Buhler. Deux tableaux de genre, mélange de crayon et d'aquarelle. Ce sont des nymphes ou des ondines jouant sur les eaux. Ces deux compositions sont gracieuses, et celle portant le n° 1391 nous semble devoir attirer particulièrement l'attention des visiteurs. Le Groupe de femmes se tenant par la main et voltigeant en ronde légère, comporte des études de nu très-heureusement traitées. Pourquoi avoir refusé ces deux aquarelles ? M. Buhler a un portrait de reçu, et de plus a obtenu en 1861 une mention.

Mme Fr. O'Connell. *Un Chevalier sous Louis XIII*, eau forte très-belle, pleine de vigueur, de chaleur, de *furia* artistique.

M. Chauvel (Théophile). *Solitude*, eau forte ; vigoureux et bien réussi, ainsi que le *Passage de la Thernoise*, du même auteur.

M. A. Gilbert. *L'Enfant et la Fortune*, d'après Paul Baudry, mérite d'être mentionné.

Mentionnons encore une *Cataracte* de madame la comtesse de Dampierre, grand dessin bien étudié ; les eaux sont légères, les fonds doux et fuyants, et les premiers plans vigoureux et bien accusés ; et l'*Intérieur de forêt*, sous le n° 1133, est puissamment crayonné et très-fait.

Les n°s 122, 123 et 124 nous montrent trois aquarelles (*Intérieurs d'église*) bien comprises d'effet et exécutées avec soin. Les n°s 3827 et 3828, deux paysages à l'aquarelle, pleins de caractère et vivement sentis. Signalons aussi de mademoiselle Keller, deux bonnes lithographies ; de M. Segé, une eau forte ; de M. Valentin, l'*Agriculture*, d'après Magaud (gravure) ; et les n°s 5658, 5659, eaux fortes, d'après Daubigny.

M. Masson a une excellente gravure, d'après Ribera, faite de ce faire magistral que nous lui connaissons.

M. Gautier, un cadre renfermant plusieurs eaux fortes, digne d'attention, ainsi que ses *Folles de la Salpêtrière* et ses *Bords de l'Oise*, d'après Daubigny.

Enfin, de M. Gaillard, nous remarquons une très-fine gravure du portrait de Jean Bellin, et de M. Pierdon, trois sujets très-dignes de l'attention du jury. Nous ne saurions aussi passer sous silence les camées de M. Reverchon, et ceux portant les n°ˢ 572, 836, 837, 838, et deux porcelaines monochromes pour architecture, de M. Hudée.

En architecture, nous avons à mentionner deux projets des mêmes auteurs, MM. Chipiez et A. Durand, une *Bourse et Tribunal de commerce*, et un *Hôtel de ville*. C'est original d'ornementation, d'une bonne conception de plan et bien rendu.

Ici se termine l'examen consciencieux que nous avons fait de la galerie des pastels, aquarelles, dessins, etc., et dans lequel nous avons pris note de tout ce qui nous a semblé digne d'intérêt. Quant à l'eau forte de M. Desbrosses et aux pastels de M. Juncker et Pelletier, nous renvoyons le lecteur à notre étude des œuvres du comité des refusés, dont ces messieurs font partie.

La sculpture des œuvres refusées par le jury, dont une partie a été exposée au rez-de-chaussée, dans une galerie à droite du buffet, et l'autre partie avec les pastels, dessins, etc., n'est pas bien longue à visiter, beaucoup de sculpteurs, sans doute, n'ayant point maintenu leurs œuvres à la contre-exposition. Et tout d'abord de M. Hébert (Emile), *le Silence éternel*, grande figure en plâtre, d'un large et beau caractère, nous apparaît au commencement de la galerie, debout et dans une pose d'une grande tranquillité, un doigt sur la bouche pour inviter au silence, que personnifie encore davantage une cloche brisée qui repose à ses pieds. Nous regrettons que cette œuvre laisse à désirer du côté de l'exécution, car la pensée est belle, bien rendue comme arrangement. M. Hébert possède encore un petit groupe en bronze, représentant un vieux militaire enseignant à un jeune enfant, que chacun doit son sang à la patrie. Nous adressons à M. Hébert, à propos de ce petit bronze, les mêmes éloges que pour sa grande étude.

M. Schonenberg. *L'Ignorance* (plâtre). Il y a dans cette énorme figure des parties qui sont très-savamment traitées, notamment le torse et les bras. Cette statue colossale rend son sujet d'une manière telle, qu'elle est effrayante à voir. M. Schonenberg a un vrai talent et méritait mieux du jury.

M. W. Rimmer. *Gladiateur frappé à mort* (plâtre). La pose en est juste, mais peu heureuse, surtout pour qui regarde cette statue de face. A part cela, cette étude est remplie des plus éminentes qualités : souplesse, force et gras des chairs, tout annonce un sculpteur distingué.

M. Pêtre (Charles). *Naufrage* (étude, plâtre). Cette figure est tourmentée et la tête manque de caractère ; mais la pose est bien trouvée, le sujet heureux, sauf la dimension de l'ensemble qui est ou trop petite ou pas assez grande.

M. Heizler (Hippolyte). *Les Coursiers de Cybèle* (groupe, plâtre.) Ce sont deux très-beaux types de lion, à l'allure antique et sévère. Pourquoi n'a-t-on pas reçu ces deux lions?

Citons de M. Ytasse un petit enfant jouant avec son pied ; de M. T. Hingre, un groupe de coqs (plâtre) ; un médaillon, marbre, sous le n° 2249 ; deux médaillons, bronzes, de M. de Verteuil, bien faits et d'un beau caractère ; de M. Poncet, un cadre contenant trois médaillons très-bien traités aussi ; et de M. Debru, une planche de chêne contenant encore trois médaillons d'un modelé fin et de grande allure.

Citons de même le n° 2226, figure non achevée, mais annonçant d'excellentes études, et un *Christophe Colomb*, petite statuette, bronze, très-bien traitée. Si la figure de M. Caudran était terminée, nous sommes convaincu qu'elle eût valu un succès à son auteur : il y a là du caractère et de la noblesse. Le Nid d'oiseaux, de M. Le Chesne, est encore un plâtre très-bon ; une Vierge, quinzième siècle (signée Grasset), a de grandes qualités, et nous retrouvons de M. Kimmer une tête de martyr (granit), très-bonne encore.

Sous le n° 2154 d'enregistrement, nous devons signaler une statuette en marbre, que nous appellerons une *Femme à la fontaine*, et dans laquelle on remarque de grandes qualités. Sous le n° 2794 d'enregistrement, un zéphir jouant parmi les roseaux, avec un colimaçon très-gracieusement composé et bien exécuté; de M. Iguel (Charles), *le Chasseur gaulois* et *la Vendange*, qui ont été commandés en pierre, par le ministère d'État, pour la décoration de la cour du manége du Louvre. Signalons encore, avant de terminer, un tête en terre cuite, *le Père de la faïence*, et une terre cuite de M. Eugène Decaen.

Nous voilà au bout de notre tâche, et, sauf à nous répéter, disons hautement combien nous aurions voulu pouvoir rendre plus complète la Revue du Salon des refusés, contenue dans cette brochure. Mais si, d'un côté, le temps nous pressait, un autre motif bien supérieur nous a commandé la retenue extrême dont nous avons usé dans cette partie de notre travail; ce motif était l'intérêt même de la cause que nous voulions servir. En un mot, il nous a semblé qu'un simple témoignage en faveur de chaque œuvre injustement exclue, était préférable à une apologie qui appelle la discussion, et fait naître le plus souvent des appréciations de parti pris.

Les grandes assises, par devant lesquelles une main puissante a renvoyé le procès qui s'instruit entre le jury et les œuvres non admises, vont être closes; et avant de mettre au jour ces notes prises au courant des débats, nous avons dû attendre que presque tous aient parlé; sympathiques ou antipathiques à la mesure impériale, à la contre-exposition des œuvres rejetées par l'Institut.

La majorité de la presse, on peut l'affirmer, est jusqu'à ce jour favorable à cette mesure. Nous avons entendu quelques voies éloquentes; de bonnes et sérieuses paroles ont été prononcées : d'encourageantes et hautes marques d'intérêt sont acquises. Il en est qui ont essayé de faire de l'esprit à ce sujet; c'était un texte à articles nouveaux ; mais disons vite qu'ils se sont arrêtés, honteux de se voir faire chorus avec l'administration et la partie peu instruite du public en matière d'art.

Il y a eu aussi ceux qui ont l'insigne honneur d'être reçus dans de certains salons, lesquels, pour faire leur cour, n'ont pu s'exempter d'émettre une opinion : petit venin adorablement distillé, de la pensée des hôtes illustres qui daignent les inviter et leur serrer la main.

Au milieu de ces peu sincères et déloyales atteintes, et après bien des erreurs mises en avant, on nous a dit qu'il pourrait être utile de publier le dossier sérieux et intègre des faits et dires qui ont amené la mesure impériale, et d'y joindre l'énoncé scrupuleux des preuves à l'appui de son opportunité, preuves donnant raison d'avance au maintien obligé de cette mesure pour toute exposition ultérieure, c'est-à-dire mentionner toutes les œuvres non admises, ayant de la valeur, et aller même jusqu'à une nomenclature catalogale si c'était nécessaire.

Nous l'avons fait, persuadé qu'en fait de justice il ne peut être indifférent de tout connaître, et plus encore, avant de rendre un jugement définitif.

Bien des compromis ont été déjà murmurés, qui, tout en étendant considérablement le cercle des privilégiés, ne seraient pas la justice. Il pourrait y avoir encore des victimes, quoique le nombre des heureux favorisés soit élargi, et nulle lumière pour éclairer et redresser tout cela.

C'est inouï combien il est long et difficile d'en arriver au simple en toutes choses : on reconnaît le mal, le remède est là et a été jugé excellent, et l'on se met l'esprit à la torture pour chercher des palliatifs, inventer des combinaisons plus ou moins ingénieuses.

Il est question, dans les cercles administratifs, d'étendre à tout artiste ayant été *admis* cinq fois aux expositions (d'autres disent trois), le privilége dont jouissent les décorés et les médaillés, dont les œuvres, on le sait, n'ont point à subir l'examen du jury pour avoir droit d'entrée au salon officiel. On parle aussi, Dieu m'est témoin que je n'invente rien, on parle, dis-je, d'un brevet de capacité qui serait délivré après mûrs examens, etc., etc. ; et en gratifiant le récipiendaire du titre de bachelier ès-arts, aboutirait au même résultat. Ah ! je suis tenté de m'écrier, comme ce bon bourgeois dont la digestion se trouvait incessamment troublée par des bruits de réforme, et qui jetait à tous ce cri d'alarme : « Où allons-nous ? »   .   .   .   .

.   .   .   .

Mes chers contemporains ! il n'y a donc pas assez d'imbroglios sur toutes les routes à carrières élevées, y compris celles où l'on exige le titre d'avocat pour être admis, et où, au bout d'une vingtaine d'années de travail et d'assiduité, on arrive à ce *summum* vraiment prodigieux de rémunération, trois mille et quelques cents francs, juste de quoi avoir l'habit et les gants obligés, avec le pain quotidien !

Comment, vous croyez qu'il me faut un brevet pour avoir le droit de mourir de faim dans un grenier, à la recherche du beau et à la condensation de toutes mes rêveries ? Ah ! vraiment, ceci passe la plaisanterie ; et j'avoue que nous nous élevons tellement dans cette manie de légiférer toutes choses, au nom du plus grand bien de tous, que notre pauvre société en mourra un beau jour, à l'instar de ce malade auquel une matrone donnait double dose du remède prescrit pour le sauver plus sûrement.

Mais revenons au sérieux.

On nous avait dit aussi, afin de mieux établir la justice de la cause que nous défendons, qu'il serait bon, pour clore nos appréciations, de .terminer cette étude par un parallèle entre les œuvres médiocres acceptées par le jury et celles bien supérieures refusées par ce même jury. Nous n'avons pas besoin d'insister pour faire comprendre que la plus simple délicatesse ne nous permettait point d'entrer dans cette voie.

Nous nous bornerons donc, en terminant, pour résumer ici d'un seul jet la conviction qui doit être celle de tout esprit non prévenu, à présenter au lecteur l'ensemble de tous les noms des artistes qui, par leurs œuvres, ont dû attirer notre attention dans le cours de cette étude, en y ajoutant même les numéros d'inscription des toiles dont nous n'avons pu trouver la signature.

Aguin (Laäs de), Andrieux (Auguste), Anguin, Audiat (Mme Félicie), Aufray (Edouard-Alphonse). — Bataille (Emile), Baujoint, Baures, Bellecourt, Bellenger (Georges), Berthélemy, Besnus (Michel-Amédée), Birotheau (Ferdinand), Bisson, Blanc-Fontaine, Blin, Bouchet (Auguste), Brigiboul, Buret (Mademoiselle Marguerite). — Cals (Adolphe-Félix), Carlier, Casinetti, Caudran, Cels (Eugène), Chassevent (Gustave-Adolphe), Chauvel (Théophile), Chevalier, Chintreuil (Antoine), Chipiez (Charles), Collin (Gustave), Cordier (L.), Corpet (E.). — Dampierre (Madame la comtesse de), Darru (Mademoiselle Louise), Debru, Decaen (Eugène), Degray (Henry), Delamain (Paul), Delaporte (Mademoiselle Adèle), Desbrosses (Jean), Desbrosses (Léopold), Doneaud (Jean-Eugène), Doyen (G.) Dubois (Hippolyte), Dubois (Louis-Jean-Baptiste), Ducket (Mademoiselle), Dupray (Henry), Dupuis (P. Félix), Durand (André), Dutilleux. — Elmerich (Charles-Edouard), Eustache.

— Fantin-Latour (Henry), Favergeon (Jean-Marie), Fayolle (Mademoiselle Amélie-Léonie), Filleul (Mademoiselle Clara), Fougère (Mademoiselle Amanda). — Gaillard, Gaillard-Lépinay, Gariot (Paul-César), Gaston (G.), Gassier (Georges), Gaudefroy (Alphonse), Gautier (Armand), Gilbert (Achille), Gorrilet (Jules), Graham (Robert), Grasset, Grisy (E. de). — Harpignies (Henri), Hébert (Emile), Heizler (Hippolyte), Hudée, Iguel (Charles). — Ingre (T.). — Jongkind (Jean-Baptiste), Julian (Rodolphe), Juncker (Frédérick). — Kathelineau, Keller (Mademoiselle Gabrielle), Kimmer. — Lainé, Lalanne, Lambert-Nollé, Lamy (Auguste), Landris, Lansyer (Emmanuel), Lapostolet (Charles), Lapret (Paul), Laurens, Lavieille, Leblond, Lechesne, Legrand (Alexandre), Legray ou Leroy, Lemarchand (A.), Lère (Jules-Bertrand), Leroux, Levé (Ch.), Levis (Jean-Baptiste), Limoëlan (V. de), Lousteau (Maria), Lousteau (L.), Loutrel (Victor). — Malaval, Mancini, Manet (Edouard), Maugey, Masson (Alphonse), Maurice (Alfred), Meunier (A.), Michel (Jules), Michelin (Jules), Mlle Moisson-Desroches. — O'Connell (Madame Fr.), Oller. — Parc (Du), Payen, Pelletier (Antoine-Jules), Pipard, Perret (François-Henry), Petre (Charles), Pierdon, Pissaro, Poncet, Prieur, Prosper (Henry de Lucienne). — Regamez (Guillaume), Reverchon (F. Joseph-Charles), Rimmer (W.). — Saint-François (Léon), Salingra, Sallé (Pierre), Savery, Schitz (Jules), Schonenberg, Ségé, Serres (G. de), Sevestre (Jules-Marie), Simonin (Charles). — Tabar (F. G. Léopold), Texte-Gugnon (Mademoiselle Louise), Thibault (Mademoiselle Marie), Thierry, Tichit (Xavier), Tiry, Tillot, Tournayre (Louis) — Valentin, Velghe, Vernac, Vernier, Verteuil (de), Vialle (Jules), Viancin (Mademoiselle Pauline), Vieilcazal (Charles-Louis), Vilain (Eugène), Volon, — Whil, Whisler. — Ytasse (Emile). — Zipélius (Emile, Zuber-Buhler.

Plus les numéros suivants des œuvres dont nous n'avons pu lire les signatures (numéros, bien entendu), de l'administration et qui ne répondent aucunement au catalogue :

40, 62, 122, 123, 124 337, 460, 462, 496, 572, 610, 836,

837, 838, 1133, 1279, 1294, 1453, 1646, 1818, 1991, 2154, 2226, 2249, 2405, 2794, 3225, 3661, 3827, 3828, 3931, 4099, 4658, 5494, 5658, 5659.

Et devant tant d'individualités froissées, d'intérêts lésés, de talent méconnu, n'avons-nous pas le droit de nous écrier :

Messieurs les refusés, votre cause est gagnée, car, quoi qu'il arrive, désormais vos œuvres ne seront plus soustraites au jugement de tous.

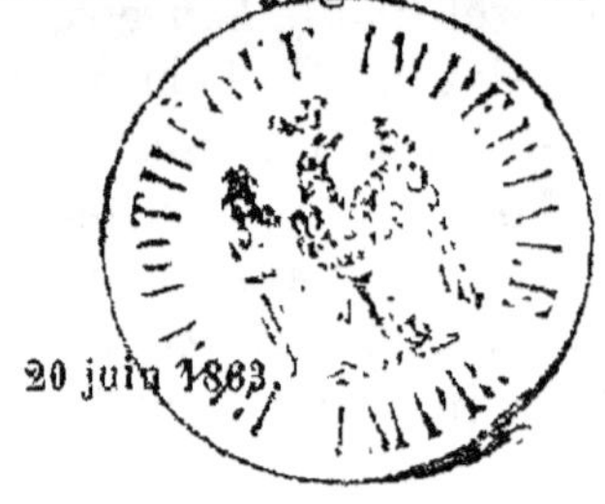

20 juin 1863.

TABLE

Paris. — Typ. de PILLET fils aîné, rue des Grands-Augustins, 5.